FÜR KIAN, FÜR HUGO UND FÜR HUNDE

Dieses Buch wurde gefördert im Rahmen des Stipendienprogramms der VG WORT in NEUSTART KULTUR der Beauftragten der Bundesregierung für Kultur und Medien.

Reprodukt GmbH
Gottschedstr. 4 / Aufgang 1
13357 Berlin

Copyright © 2022 Nadia Budde / Reprodukt
HUNDEBLICK BERLIN
Redaktion: Michael Groenewald
Korrektur: Heike Drescher
Herstellung: Alexandra Rügler
ISBN 978-3-95640-285-2
Druck: PNB, Silakrogs, Lettland
Alle Rechte vorbehalten.
Zweite Auflage: Mai 2026

info@reprodukt.com
ww.reprodukt.com

PROLOG
- ROSENKOHL UND KOHLEN / FRÜHLING
- SCHNAUZEN
- BERLIN
- SAND UND STEINE / SOMMER
- TRAUM 1
- OBEN UND UNTEN / HERBST
- TRAUM 2
- WEISS ZU GRAU / WINTER
-  TRAUM 3
- DER SCHLAF
- DIE ANDEREN
- EPILOG ODER SPUR NUMMER FÜNF: DER HUND

Als das Rosenkohlnetz im November vor der Haustür im Schnee eingefroren war, muss es noch intakt gewesen sein.

Im Dezember schneite es nur wenig. Anfang Januar hatte sich das Netz geöffnet. Einzelne Kohle waren in gelbe Pissekuhlen gerollt und dort erneut eingefroren. Der März verging. Ende April war das Netz frei.

Noch eine Woche lang lag es, zusammengefegt zwischen den Resten der Silvesternacht, am Straßenrand, wurde ein paarmal überfahren und verschwand.

Dann war Frühling in Berlin.

DER FRÜHLING BEFREIT GESCHICHTE.

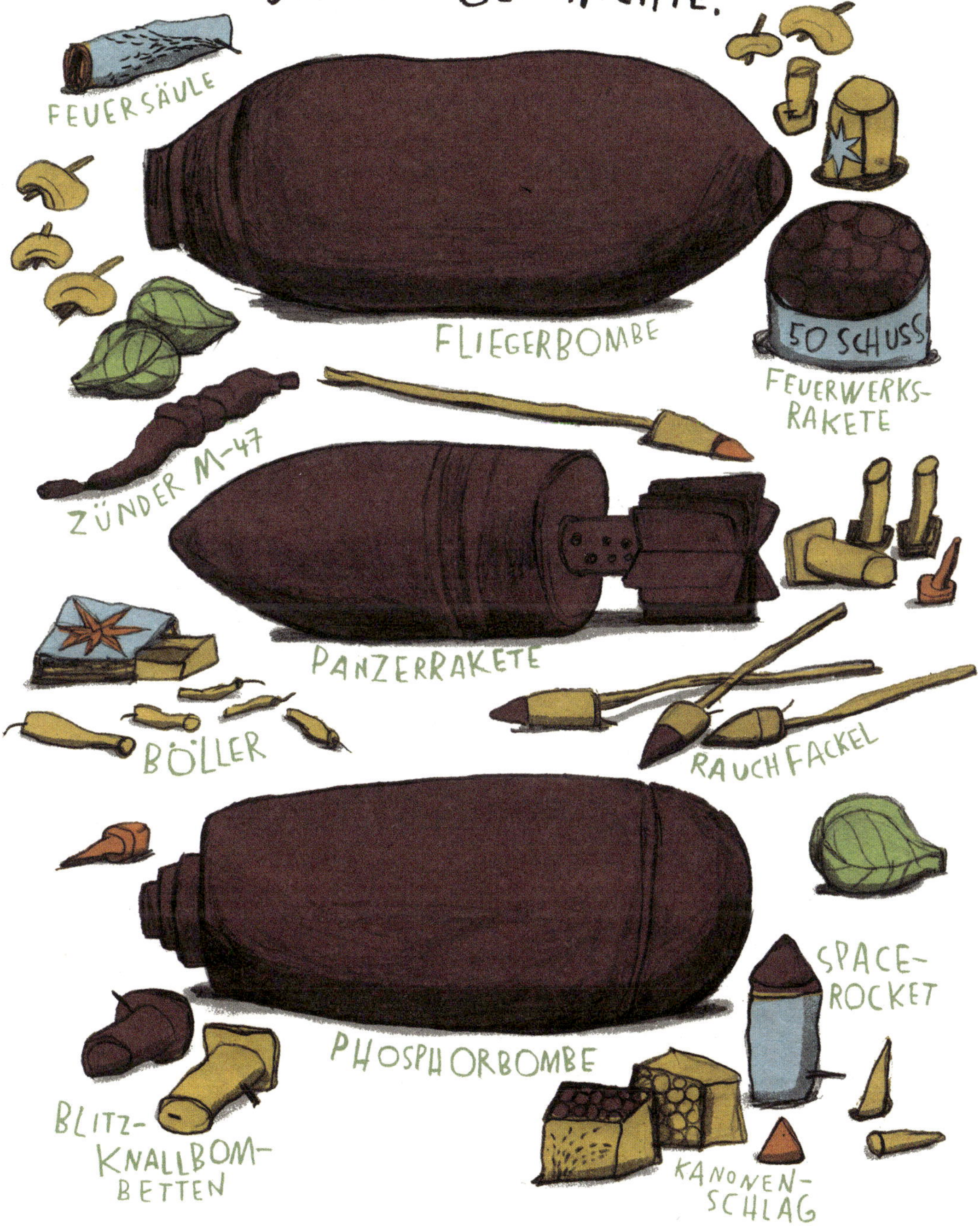

- FEUERSÄULE
- FLIEGERBOMBE
- 50 SCHUSS FEUERWERKSRAKETE
- ZÜNDER M-47
- PANZERRAKETE
- BÖLLER
- RAUCHFACKEL
- PHOSPHORBOMBE
- SPACE-ROCKET
- BLITZ-KNALLBOMBETTEN
- KANONENSCHLAG

IN FRISCHEN BAUGRUBEN WERDEN VON NEUEM ZIEGELSTEINRESTE, SCHUTT UND SCHERBEN UMSORTIERT. DIE FREIGELEGTEN ROHRE STINKEN NACH ROST UND ALTEM GAS.

AUS KELLERLÖCHERN IM BÜRGERSTEIG KRIECHEN GERÜCHE VON LÄNGST VERFEUERTEN KOHLELIEFERUNGEN, KRIECHT DUNKLER SCHIMMEL UND MANCHMAL NOCH DER KRIEG.

HERAUSGESTELLTE MATRATZEN ERZÄHLEN IN FLECKENSPRACHE, UND DIE LUMPEN IN DEN „ZUM MITNEHMEN"-KISTEN MIT IHREN AUSGELEIERTEN STELLEN.

Durch die Straßen weht alter Taubenstaub und neuer Beton.

Aus Parterrefenstern dringt der Teppich- und Möbelmuff vom letzten Winter.

Die Biotonne im Hinterhof erzählt die vergangene Woche

und die Bierlache auf dem Gehweg neben den Scherben erinnert an letzte Nacht.

FREITAGS WERDEN VIELE PARKPLÄTZE FREI. DIE BERLINER LEGEN SICH ÜBERS WOCHENENDE IN DIE NOCH UNBELAUBTEN WÄLDER UM DIE BRANDENBURGER SEEN HERUM. AM SONNTAGABEND KEHREN SIE ZURÜCK, HINEIN INS GRÜNE.

Das Grüne riecht nach Baumstamm und Blüten, nach feuchtem Sand, Spreewasser, Zwiebel, Bohnerwachs, Benzin, Baustelle, Bratenfett und Bus. Es riecht nach Stein, Dixi-Klo, Waschpulver, Milchkaffee, Brot, Tierpark und manchmal noch nach DDR. U-Bahn-Schächte pusten Gummi- und warmen Eisendunst nach oben. In Parkwiesen hängen Gerüche nach Bierpisse, Zigarettenasche und kalten Grillknochen. In der Bahn stehen Schweiß, Deo, Mundgeruch, Zeitung und nasser ~~Hund~~ Mensch.

DER LETZTE GROßE FRÜHLINGSPLATZREGEN SCHWEMMT IRGENDWANN ALLES ZUSAMMEN MIT DEM KLEBRIGEN LINDENBLÜTENSTAUB IN DIE GULLYS.

IM GEMÜSELADEN AN DER STRAßE BLEICHT DER WEIßKOHL AUS.

SCHNAUZEN LAUSCHEN IN DIE WILDNIS.

SIE STREIFEN DURCHS DICKICHT,

SCHNAUZEN SCHNÜFFELN, SPÄHEN, LAUERN,

WITTERN BEUTE UND VERFOLGEN SPUREN.

B

Berliner Bahnen sind an ihrem Geruch zu erkennen. Im Inneren hängt er von Tages- und Jahreszeiten ab. Busse scheinen mit Busbenzin zu fahren, mit dem sie auch gereinigt werden.

E

Es kommt vor, daß ein Mensch mitten auf der Straße zu schreien anfängt. Dieser plötzlich hervorbrechende Wahnsinn erzeugt eine unechte Stille und bedrückt die übrigen Passanten, sodass sie noch in sich gekehrter ihrem Ziel entgegeneilen.

R

Rasenflächen in Parks sind übersät mit eingetretenen Kronkorken, die wie Geldstücke einer fremden Währung glänzen.

L

Läuft man durch kahle Straßen mit neuen Bürohäusern, greift der Wind von allen Seiten an und schneidet in die Haut hinein und bis auf die Knochen durch.

I

Im Wasser der Spree schwimmen allerlei Geflügelarten, Algen und sogar Fische. Fahrräder, Kühlschränke, Einkaufswagen und Eisenhydroxid geben dem Eintopf den metallischen Geschmack, während Sulfate die bittere Note hinzufügen.

Nebeneinander, untereinander, über- und miteinander liegen hier Schichten, Geschichte und Geschichten. Die Stadt ist ein Haufen zusammenhangloses Zeug, dessen Ordnung das Durcheinander ist.

NACH DEM HIN UND HER DER LETZTEN EISZEIT WAREN ETLICHE DER HERUMGESCHOBENEN STEINE ZU SAND ZERMAHLEN.

DIE ÜBRIGEN ENDETEN IN GERÖLLHAUFEN, WURDEN SPÄTER ZU DENKMÄLERN ZERHAUEN, ALS KOPFSTEINPFLASTER VERLEGT ODER ALS VERZIERUNG VERKLEBT.

Nachdem das viele Eiswasser abgezogen war, blieben außerdem:
Eine Rinne, in die die Spree einzog,
der Wind, der noch immer den Geruch von Nässe trägt, und der viele Sand.

Sand ist ein guter Untergrund für Steine.

Das Bernburger Mosaik ist wild und geordnet zugleich. In den Zwischenräumen steckt der zerstäubte Dreck der Stadt, liegen Kippenpulver, öliger Sand, Asche aus Vogelscheiße und kurzes schimmliges Moos. Mickriges Grünzeug ernährt sich von herabtropfendem Balkonblumenwasser.

AUF DEM PFLASTER GEHEN FLASCHEN ZU BRUCH, KLAPPERN ABSÄTZE, RATTERN ROLLKOFFER, DONNERN DIE REIFEN DER MÜLLFAHRZEUGE, RENNEN MENSCHEN VON HIER NACH DA UND RUFEN ETWAS.

DARUNTER LIEGT DER SCHUTT DER VERGANGENHEIT, KRIECHEN VERROTTETE KABEL UND ROHRE HIERHIN UND DORTHIN UND MANCHMAL INS NICHTS. HIER BREITEN SICH GIERIGE STRAßENBAUMWURZELN AUS UND HEBEN VON UNTEN DIE SCHWEINEBÄUCHE SCHIEF.

ER WÄRMT BETONPLATTEN, BORDSTEINKANTEN, U-BAHN-TREPPEN, BRANDMAUERN UND SCHORNSTEINE, DEN REICHSTAG, DAS STADTSCHLOSS, DEN STAMM DES FERNSEHTURMS, BRÜCKENPFEILER, AN DENEN NOCH EINSCHUSSLÖCHER VOM KRIEG ZU SEHEN SIND, UND EINE LANDEBAHN IRGENDWO DA DRAUßEN.

Auf den Steinen
wird verloren, vermisst, verschenkt

Elektrisches Fußbad in Form zweier Füße, aufblasbare Hand, Fleischwolf, Bügelbrett, Nagellack, Gummistiefel, Sammeltassen, rundes Mischbrot, Echthaar-Zierkatze, schwarzes Ledersofa, Kissen, zerbrochener Keramikhirsch, sechs offene Flaschen mit sehr gelbem Weißwein, silberne Badekappe, Gummigehirn, 12 Hefte „Chefarzt Dr. Holl", Staubsauger „funktioniert", Jonathan Franzen „Freiheit", aufgequollener Zeitungsstapel, beiges Sofa, weißes Sofa, graue Klappcouch, Plüschsaurier,

UND VERGESSEN.

ZERKRATZTER KATZENKRATZBAUM, RÖHRENFERNSEHER, FOTOALBUM 1986, 76 WÄSCHEKLAMMERN IM KLAMMERKLEID, BAYERISCHE TRACHT, KAMELHAARDECKE, KATZENKLO, HUNDEHALSBAND, AQUARIUM, LAMMFELL, EINGEWACHSENES DREIRAD, AUSGEWEIDETER RIESENTEDDY, FICUS-VERTROCKNET, PALME-VERTROCKNET, KAKTUS, MATRATZE-RECHTECK, MATRATZE-QUADRAT, HALBIERT, BESCHRIFTET, BEZOGEN, GEROLLT, GEKNICKT, STEHEND „DIE GEHT DOCH NOCH", LEHNEND, LIEGEND, GRAU, WEIß, BLAU, MEYERS LEXIKON IN ELF BÄNDEN, ROSA BARBIEBADEWANNE, ZIERSPINNRAD

ÜBER DIE STEINE WERDEN BOTSCHAFTEN VERSCHLÜSSELT, VERSENDET, VERSTANDEN

... ODER AUCH NICHT.

DOLORIS ICK LIEBE DIR RÜBE AB
FRUST STEAK EROS PULP UFO 1UP LÄUFT!
LEERE GESICHTER VIELE FRAGEN Ⓐ SECH
MOES VERZEIH MIR! KÄPT'N RAUPE SHILE
WIR BLEIBEN ALLE FINDUS ELVIS
STURZBETRUNKEN STURZGEBURT STURZFLUT
THAKI68 WIR HABEN PLATZ DANKE! FLX
BORED ICH GEH KAPUTT
ACT UP! LFXN BIRDS OF BOF
ABER DIE WELT IST VIEL VERRÜCKTER ALS DU
I AM LIKE YOU AND YOU ARE LIKE ME INR
KÖPI LEBT! KÖPI BLEIBT ÜBEL ÜBEL
SORRY THIS WALL WAS BORING ROHKOST ESSEN
DU HAST UNS FREIHEIT ANGELEGT EIN ZAUM
ZEUG AUS SAND GIGGZ HELFT UNS!
AUFSTAND DER WÜRDE TAGG LEVEL
ANNA HAS NO EMPATHY TEILERFOLG
NO NO NO NO NO NO NO NIE
MENSCHENRECHTE STATT RECHTE MENSCHEN
MISS TAKE ALLES SO HÜBSCH HIER
ONE OFF ONE ON PATRIA NOSTRA
THATZ KIEZ SOUVENIRS OH YOU!
ISTANBUL BOYS PING PONG
JETZT BERLAIN ☹
HOW LONG IS NOW

WAS BLEIBT, SIND VERWIRRUNG, VERWECHSLUNG UND VERWAHRLOSUNG.

DER SOMMER LÄSST DIE GOLDENEN STOLPERSTEINE GLÄNZEN, DIE SCHWARZ VERKOHLTEN SEITEN DER ZIEGELSTEINE RIECHEN UND DAS GRAU DER DENKMÄLER AUSBLEICHEN.

Wenn die Brandmauer im allerletzten Hinterhof endlich durchgewärmt ist, wird es Herbst in Berlin. Und bevor der unbarmherzige Ostwind mit dem Modergeruch die Reste des Sommers aus den Hausecken saugt, sprüht irgendjemand noch schnell „HEAT" an die Hauswand.
Die Hälfte der Farbe verfliegt schon im Niesel.

FÜR IMMER KALT BLEIBEN:
DIE STEINERNEN UNTERSEITEN DER SPREE-
BRÜCKEN, DIE TRÜMMER UNTER DEN GEHWEG-
PLATTEN, DAS INNERE DER BETONBUNKER,
DIE KIRCHEN, DIE GEISTERBAHNHÖFE, DER LETZTE
FLUCHTTUNNEL UNTER DER BERNAUER STRAßE UND
LENINS KOPF IN DER SPANDAUER ZITADELLE.

OBEN UND UNTEN

HERBST

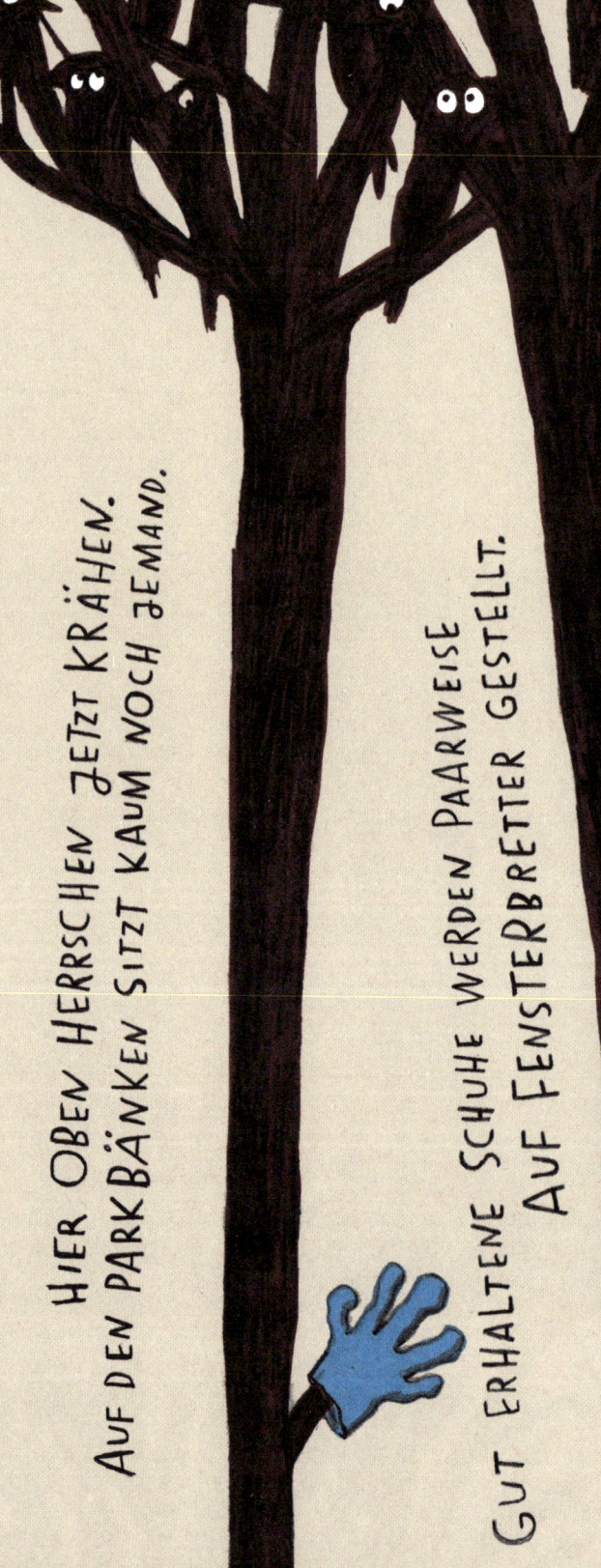

Auf den Brücken hetzen Leute hin und her.

Unter den Brücken liegen Menschen auf schmutzigen Matratzen und warten.

Weiß zu Grau

Winter

Vielleicht hatte einer die Idee gehabt, sein verrauchtes Berliner Zimmer für den Winter etwas aufzuhellen.

Dann war der Henkel abgerissen, und dicke schneeweiße Farbe war neben dem zerknackten Eimer mitten auf dem Gehweg liegen geblieben.

Im Winter wollen viele weg aus der Stadt. Die meisten bleiben.

S-Bahnhof Schöneberg, Gleis 11, direkt über der Anzeigetafel, die zwischen Südkreuz und Treptower Park hin- und herblättert, Geruch nach warmer Taubenscheiße, Wind von unten, verbogene Metallnadeln, „Vorsicht!", Rotkohl in Alufolie, Currywurstscheiben, Weißbrot, Giftköder-Aufpassen-die Bahn! Wir lassen uns nicht vertreiben, wir bleiben hier!

Hinterhaus, Seitenflügel, erster Stock, links, der Hof im Dunkeln: ein Adventskalender, mein Fenster: ein Aquarium. Bratkartoffelwolken vom Erdgeschoss, nebenan Liebe, gegenüber Streit, oben Staubsaugerwut und von irgendwoher lautes Wummern. Also: Heizung an, auspacken, Klingelschild schreiben, Papa texten: Bin angekommen!

HERR K. WAR IN HAUSSCHLAPPEN RÜBER ZU MUTTER GEHUSCHT, DER GEHWEG - SEIN VERLÄNGERTER FLUR, MIT 14 POLSTERER WIE VATER, DANN RUNTER IN DEN LADEN, EINE WEITER, DIE 17, JEDEN TAG DER KNARZIGE STUHL, BEIGE TAPETE MIT BRAUN, HINTEN ÖLSOCKEL, OCKER, ALTE STINKESESSEL, KORBSTÜHLE UND DURCHGESESSENE SOFAS, VERBLICHENE STOFFTIERE ALS DEKO, URLAUB: NIE! DAS NEUE DHL-SCHILD, HERR K.: „PAKET NUR MIT AUSWEIS!" MUTTER RUFT VON OBEN: „KOMME GLEICH WIEDER!"

Die Reifen gehören ihm nicht, der Bolzenschneider ist geborgt. In der Wohnung hat der Alte gewohnt, war irgendwann verschwunden, hat alles mitgenommen, Tapete drangelassen. Neuer Termin: morgen 13.25 Uhr, 4. Etage, Raum 3

Er muss verfügbar sein!

Der Berliner Winter ist selten weiß.

Falscher Schnee liegt im Schaufenster der Apotheke, falsche Sterne wehen auf kahlen Balkonen, und falsche Wölfe laufen durch einen falschen Wald.

TRAUM 3

DER SCHLAF

DER BÄR HATTE ZU LANGE GESCHLAFEN.

SPATZENGESCHREI, BOHRMASCHINEN UND PRESSLUFTGEHÄMMER HATTE ER ÜBERHÖRT.

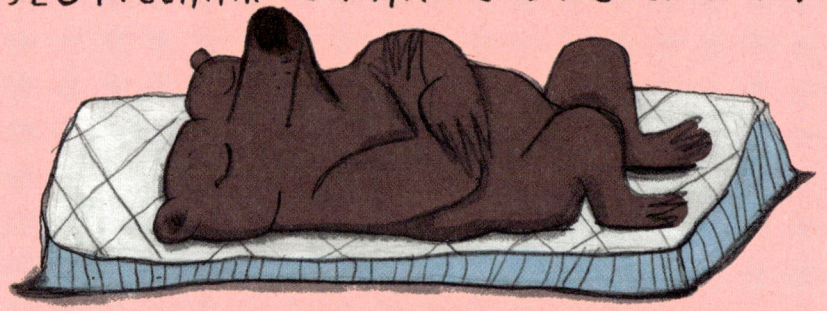

IM HINTERHOF WAR GESCHIRR ZU BRUCH GEGANGEN, HUNDE HATTEN GEKLÄFFT, KINDER GEPLÄRRT, DIELEN WAREN ABGESCHLIFFEN WORDEN. MENSCHEN HATTEN SICH AUS AUTOS HERAUS ANGESCHNAUZT.

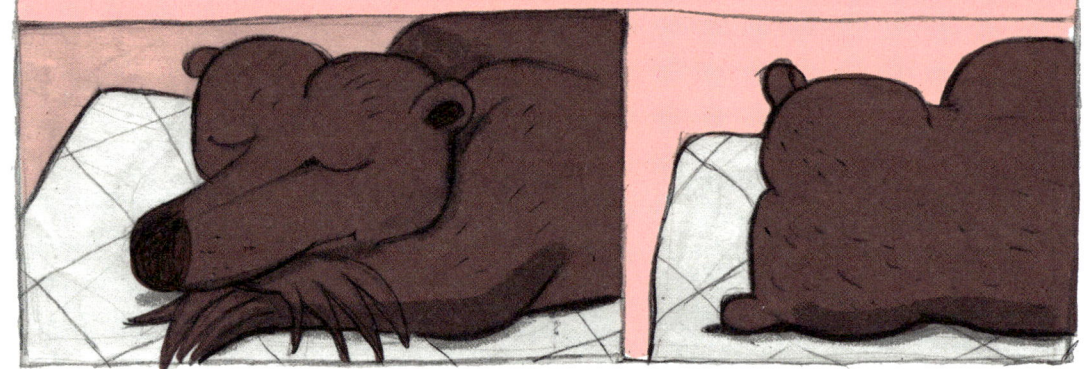

Meuten mit Bier waren grölend vorübergezogen. Eine Frau hatte eine Rede an die Hauswand gebrüllt. Die Feuerwehr war mehrmals mit Horn und Blaulicht die Straße hinauf und hinab gefahren.

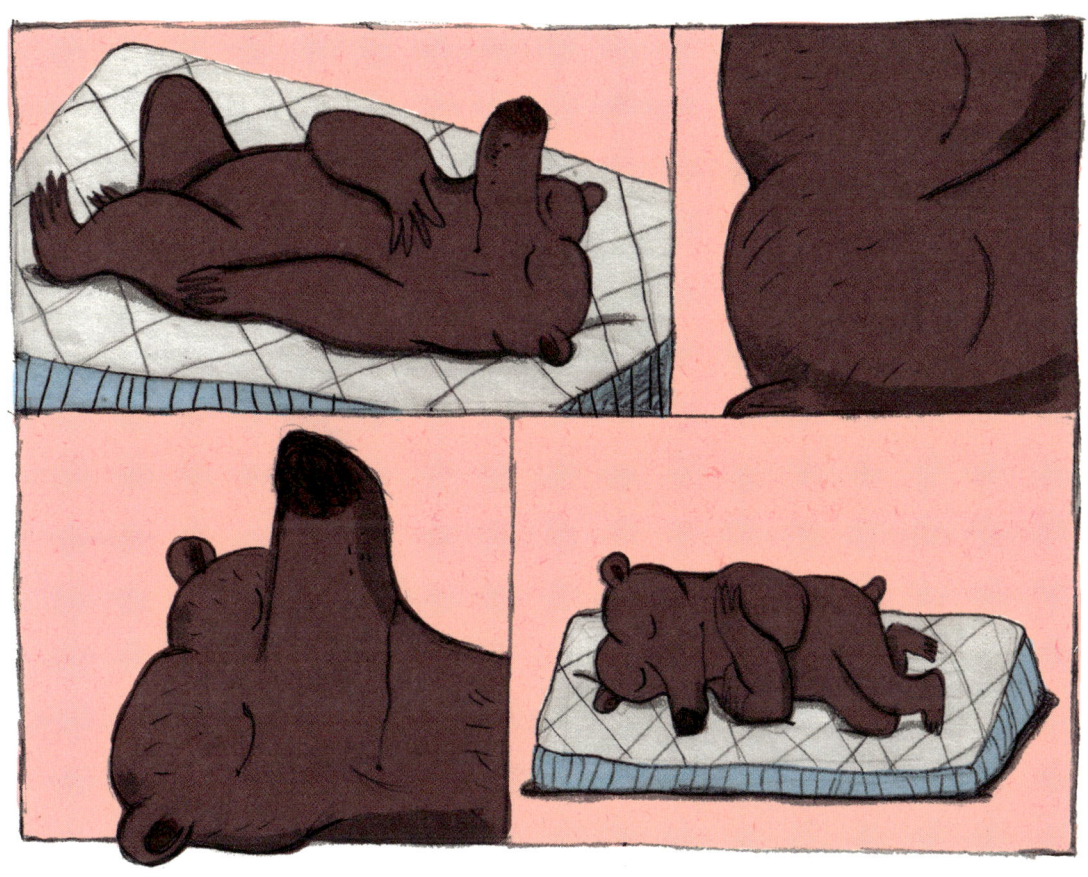

Die Kastanie im Hinterhof war gefällt und an Ort und Stelle zu Sägemehl zerschreddert worden. Das Kriegsgeheul der Silvesternacht hatte den Bären ebenso wenig gestört wie Kirchenglockengebimmel oder Fluglärm.

IM FEBRUAR HATTE EINE STEINFRÄSE KREISCHEND EINEN LANGEN STREIFEN STRAßENBELAG AUFGESCHNITTEN, SCHIENEN WAREN HERAUSGENOMMEN, WIEDER HINEINGELEGT UND DIE STRAßENBAHN ERNEUT, LAUT QUIETSCHEND, DARÜBER GESCHICKT WORDEN.

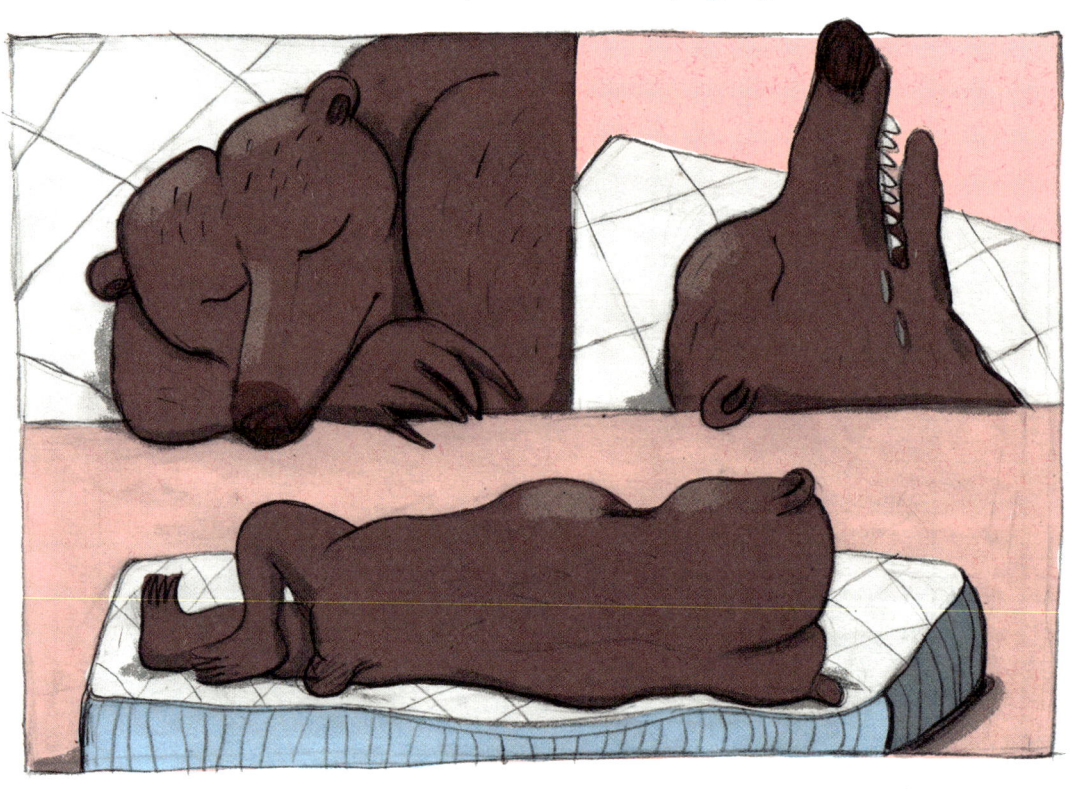

SPÄTER HATTEN DIE EISERNEN VORDERZÄHNE EINES BAGGERS DIE ASPHALTSCHICHT VOM KOPFSTEINPFLASTER GESCHABT, PFLASTERSTEINE WAREN POLTERND IN EINEN CONTAINER GEROLLT UND DAVONGEDONNERT.

Erst als der volle Glascontainer krachend in das leere Hinterteil des BSR-Fahrzeugs ausgeleert wurde, war es aus mit dem Winterschlaf.

Der Bär stand auf, es war schon Ende April.

SEINE SCHNAUZE ZUCKTE, ER MUSSTE NIESEN.
DA WAR SIE WIEDER, DIE SCHLECHTE LAUNE.

EIN WEITERES JAHR LAG VOR IHM IN DIESER STADT.
IHM FEHLTE DIE LUST DAZU.

DER FRÜHLING WAR ZU KURZ,
DER SOMMER DRECKIG,
DER HERBST ÖDE
UND DER WINTER SO VERDAMMT LANG,
DASS MAN IHN AM BESTEN VERSCHLIEF.

ER SCHABTE SICH AN DER LATERNE.
IN DIESEM JAHR MUSSTE ER ES SCHAFFEN.

ER WÜRDE HIER ABHAUEN,
   SICH VERPISSEN, VERDUFTEN,
  DIE FLOCKE MACHEN, VERSCHWINDEN.

Schnauzen gibt es schließlich genügend andere in dieser Stadt.